Der alte Silvester und das Jahrkind

Ein Märchen
erzählt von Eduard Mörike

Mit Bildern
von František Chochola

Urachhaus

In Wimsheim hinter Leonberg wohnte Wilhelm Hartlaub, ein Freund von Eduard Mörike. Dort ging der Dichter an einem kalten Winterabend mit Amele, der jüngsten Tochter des Schulmeisters und Hausfreundin des Hartlaubschen Pfarrhauses, spazieren.

Vertrauensvoll hatte das Amele ihre kleine Hand in die große ihres Freundes gelegt, und so gingen sie zusammen durch die winterliche Pracht.

»Eduard«, fragt das Amele, so wie sie es von den Erwachsenen gehört hat, »Eduard, wer ist der Silvester?«

Eduard Mörike lächelt aus den Augenwinkeln auf seine kleine Freundin herab. »Der Silvester? Ja, der kommt bloß einmal im Jahr zu uns Menschen, und was er da tut, will ich dir erzählen.

Wenn man auf der großen Weltenstraße wandert«, so beginnt Mörike sein Märchen, »weit, weit bis an das Tor …

… das aus der Welt ins Sternenland führt, dann muss man durch zwölf Sternentäler wandern; immer wieder kommt ein anderes, und endlich, nach dem letzten, da schaut man der Sonne auf den Rücken und steht am Tor, das in des Herrgotts Garten führt.

Vor diesem Tor steht auf einer weiten grünen Wiese ein kleines Haus. Das ganze Jahr hindurch blühen in seinem Garten wunderfeine Blumen. Rings auf der Wiese springen und tollen die Mondkälbchen herum, die von lachenden Kindern gehütet werden.

Und in einem Extragarten laufen die vier Mondschimmel, die dem Silvester gehören. Das sind wunderschöne Rösslein, ihr Fell glänzt wie Silber, und wenn sie springen, dann fällt von ihren Hufen Mondlicht hinab ins Erdenland, und die Menschen sagen dann: ›Guckt bloß, wie schön heute Nacht das Mondlicht ist.‹

Die Fenster in dem kleinen Hause sind weit offen, und drinnen, uh, da schnarcht es, das tut gerade so, wie wenn euer Nachbar, der Christian, seine Baumstämme durchsägt. In der kleinen Stube steht ein mächtiges Himmelbett mit weißen Vorhängen; es ist geradeso schön angestrichen wie der Großmutter Golderer das ihre. In diesem Bett schläft und schnarcht der Silvester.

Aber wenn der letzte Tag vom Jahr angebrochen ist, dann kommt von des lieben Gottes Gärten heraus ein kleines Engelsbübchen, das trommelt mit seinen Fäusten gegen die Türe: ›Aufwachen, Silvester, aufwachen, es ist Zeit!‹ – Drinnen im Bett da kracht und grunzt es: ›Mm, öööö!‹ Dann werden die Vorhänge zurückgezogen, und ein ganz verstruweltes Gesicht kommt heraus: ›Was, schon wieder Zeit?‹

Aber den lieben Gott darf man nicht warten lassen, das weiß auch der Silvester. Deshalb beeilt er sich mit seiner Toilette, und bald kommt er gestiefelt und gespornt aus der Türe. Er muss sich bücken, so groß ist er. Seinen Pelz aus Eisbärenfell hat er an, mächtige große gefütterte Stiefel; in dem Gürtel steckt ein silberner Hammer.

So sperrt er seine Haustüre zu, geht nebenan in die Scheune und zieht einen Schlitten heraus. Dann fängt er seine Schimmel, zäumt sie mit goldenen Zügeln und silbernen Schellen auf, steigt ein und fährt an das Tor des Gottesgartens. Dort schlägt er mit dem Hammer einmal an …

… und wie der Klang einer tiefen Glocke tönt es zurück, die Tore öffnen sich, und der Silvester geht hinein. Seine Schimmel müssen warten und schlagen den Boden mit ihren Hufen, und bei jedem Schlag regnet es Sternfunken auf die Erde. Hinter dem Tor ist ein wunderschöner Garten …

… und hinter dem Garten eine große Halle, die hat nicht Anfang und Ende. Und alle Sterne, die Sonne und der Mond stehen da und geben Licht, aber all ihre schönsten Strahlen sind nichts gegen das Licht, das vom Sitz des lieben Gottes ausgeht, das ist tausendmal reiner und heller als der sonnigste Tag bei uns.

Der liebe Gott lächelt gütig dem Silvester entgegen: ›Grüß dich, mein lieber Knecht, du willst das Jahrkind holen?‹ – Er winkt, da geht der Engel St. Michael das Kind zu holen, das neue Jahr. Er geht zum ewigen Strom, hält seine Hand darüber, und da steigt ein Kind zum Ufer.

Der Engel nimmt es auf den Arm und trägt es dem lieben Gott in den Schoß. Der hebt es empor, schaut ihm in die Augen, streicht ihm segnend über die Stirn und reicht es dem Silvester: ›Nimm's, bringe es den Menschen, das neue Jahr Gottes, mit meinem Segen, und bringe mir das alte von der Menschenerde wieder zurück.‹

Silvester geht hinaus aus dem Gottesgarten, er setzt sorglich das lachende Jahrkind in den Schlitten, deckt es warm zu und nimmt die Zügel, schnalzt mit der Zunge, und – Hei – sausen die Schimmel wie die vier Winde über die Sternentäler weg. Silberne Funken stieben unter ihren Hufen, die Sterne winken ihnen nach, und – kaum gedacht – galoppieren sie auf der großen Weltenstraße und stehen auch bald am Erdentor.

Aus seinem Gürtel zieht nun der Silvester den silbernen Hammer und tut zwölf Schläge. Da springen die beiden Torflügel auf, und heraus tönen Glockenklänge aus allen Städten und Ländern. Flugs klettert das Jahrkind aus dem Schlitten, reckt sich hoch am Silvester und gibt ihm mitten auf seinen lockigen Bart einen Abschiedskuss. Dann eilt es weg zu den Menschen. Auf dem Stein am Tor aber sitzt eine dunkle gebeugte Gestalt.

Müde erhebt sie sich und guckt den Silvester an. ›Gelt, du kennst mich nicht mehr?‹ – ›Herrjeh, mein altes Jahr, schön haben dich die Menschen zugerichtet. – Steig nur ein, wir fahren gleich.‹

Die Tore schließen sich, heraus schallt noch Klingen und Singen der Menschen, die das neue Jahr mit Jubel begrüßen, dann saust der Schlitten Silvesters den Weg zurück. Bald steht das alte Jahr vor dem lieben Gott, traurig ob seiner verunzierten Gestalt. Aber Gott hebt die Hand, und Michael nimmt es in seine Arme, trägt es hin zum ewigen Strom und senkt es in seine reinen Fluten, bis es als Kind wieder einmal geholt wird.

Dann aber spannt der Silvester seine Mondschimmel aus, lässt sie grasen und setzt sich zu einem guten Vesper.
Und wenn er gegessen hat, steigt er in sein großes Himmelbett, streckt sich lang und macht die Augen zu bis zum nächsten Silvester.«

Zur Überlieferung des Märchens

Die Geschichte vom alten Silvester, die wir hier illustriert vorlegen, wurde bisher nur einmal vor Jahren in der Monatszeitschrift »Die Christengemeinschaft« veröffentlicht. Sie ist unter den gedruckten Werken Eduard Mörikes (1804-1875) nicht zu finden. Der Dichter hat sie nämlich nicht aufgeschrieben, sondern an einem klaren Winterabend, wie wir annehmen dürfen um 1860, dem sechs- bis siebenjährigen Mädchen an seiner Hand mit Kindernamen Amele aus dem Stegreif erzählt.

Der Kleinen – sie hieß in Wirklichkeit Emilie Schnabel und war am 12. Februar 1853 geboren – hat sich die Erzählung so tief eingeprägt, dass sie sie später als Frau des Reallehrers Fink, zuletzt in Kirchentellinsfurt, genau aufschreiben konnte. Ihre Wiedergabe ist an einen Zweig der Familie Mörike gelangt und durch diesen auf uns gekommen.

An jenem Winterabend befand sich Eduard Mörike in dem stillen Dorf Wimsheim zwischen Stuttgart und Pforzheim, das sich damals die heute in der Nähe vorbeibrausende Autobahn gewiss nicht träumen ließ, zu Besuch bei seinem Freunde Wilhelm Hartlaub, der dort von 1851 bis 1863 Pfarrer war. Mit der Familie des Schulmeisters am Ort Johann Andreas Schnabel und besonders dessen Jüngster von acht Kindern, dem Amele, war man zusammen mit »Onkel Eduard« innig befreundet.

Aufbau, Wortwahl, Humor der Erzählung besitzen dichterischen Rang. Da sich aber kein literarhistorischer Beweis der Autorschaft Eduard Mörikes erbingen lässt, haben wir Kenner seines Werkes und seines Stils, Liebhaber und Wissenschaftler, befragt und Ermunterung zu unserer Ausgabe erfahren. So wies Prof. Dr. Albrecht Goes, Stuttgart, selbst Dichter, Biograf Mörikes, hin auf einen charakteristischen Ausdruck, der für Mörike spricht und heute im Titel des Märchens steht. Prof. Dr. Bernhard Zeller, Direktor des Schiller-Nationalmuseums und des Deutschen Literaturarchivs Marbach, hat sich an unseren Erwägungen freundlich beteiligt. Als Künstler und Mörike-Verehrer durch ein langes Leben hindurch sprach auch Prof. Carl Keidel, Stuttgart, sein Wort.

Wie dem auch sei, der Leser möge selbst entscheiden, ob er Geist und Sprache Mörikes in der Erzählung findet. Die Kinder geben auf ihre Weise Antwort auf eine solche Frage, indem sie das Märchen immer wieder neu erzählt und vorgelesen haben wollen. So senden wir dieses Kleinod für Kinder vom sechsten Lebensjahr an und für Erwachsene bis ins höchste Alter zur Freude und auch zu Besinnung beim Jahreswechsel unter dem Namen des geliebten und verehrten Dichters in die Welt.

Kurt von Wistinghausen
Stuttgart, 1980

978-3-8251-5143-0
Erschienen im Verlag Urachhaus
Landhausstraße 82 · 70190 Stuttgart
www.urachhaus.com

13. Auflage 2025
© 2017 Verlag Freies Geistesleben & Urachhaus GmbH, Stuttgart
© 1980 Verlag Urachhaus GmbH, Stuttgart
Bei Fragen zur Produktsicherheit wenden Sie sich bitte an info@urachhaus.com
Gesamtherstellung: Grafisches Centrum Cuno, Calbe
Printed in Germany